अमर

सूक्तियाँ

अमर सूक्तियाँ

जयश्री

सत्साहित्य प्रकाशन, दिल्ली

प्रकाशक : सत्साहित्य प्रकाशन, 205-बी चावड़ी बाजार, दिल्ली-110006
सर्वाधिकार : सुरक्षित / संस्करण : प्रथम, 2011
मुद्रक : रेप्रो नॉलेज कास्ट लिमिटेड, ठाणे ISBN 81-7721-085-8

AMAR SUKTIYAN *by* Jayshri
Published by Satsahitya Prakashan, 205-B Chawri Bazar, Delhi-110006

अनुक्रम

अमर सूक्तियाँ

अंत:करण

अच्छा अंत:करण सर्वोत्तम ईश्वर है। —*टामस फुलर*

अंतर्ज्ञान

अंतर्ज्ञान दर्शन की एकमात्र कसौटी है। —*शिवानंद*

अंधकार

मुझे अंधकार से प्रकाश की ओर ले चलो।

—*बृहदारण्यक उपनिषद्*

अग्नि

अग्नि स्वर्ण को परखती है, संकट वीर पुरुषों को।

—*अज्ञात*

अच्छा स्वास्थ्य

अच्छा स्वास्थ्य एवं अच्छी समझ जीवन के दो सर्वोत्तम वरदान हैं। —*प्यूब्लियस साइरस*

अज्ञान

अज्ञान से बढ़कर कोई अंधकार नहीं है। *–शेक्सपियर*

अज्ञानी

अज्ञानी का संग नहीं करना चाहिए। *–आचारांग*

अति

अति से अमृत भी विष बन जाता है। *–लोकोक्ति*

सभी वस्तुओं की अति दोष उत्पन्न करती है। *–भवभूति*

अधिक खाने से मनुष्य श्मशान जाता है। *–लोकोक्ति*

अतिथि

अतिथि का आतिथ्य करना श्रेष्ठ धर्म है। *–अश्वघोष*

अतिथि सबके आदर का पात्र होता है। *–अज्ञात*

दरिद्रों में दरिद्र वह है, जो अतिथि का सत्कार न करे।

–तिरुवल्लुवर

अत्याचार

अत्याचार सदा ही दुर्बलता है। *–जेम्स रसेल लावेल*

अधिक

अधिक का अधिक फल होता है। *—अज्ञात*

अधिकार

अधिकार जताने से अधिकार सिद्ध नहीं होता।

—रवींद्रनाथ ठाकुर

अधिकार केवल एक है और वह है सेवा का अधिकार, कर्तव्यपालन का अधिकार। *—संपूर्णानंद*

अध्ययन

अध्ययन उल्लास का और योग्यता का कारण बनता है।

—बेकन

अध्ययन आनंद, अलंकरण तथा योग्यता के लिए उपयोगी है। *—बेकन*

अनंत जीवन

अनंत जीवन का एकमात्र पाथेय है धर्म।

—रवींद्रनाथ ठाकुर

अनुभव

अनुभव को खरीदने की तुलना में उसे दूसरों से माँग लेना अधिक अच्छा है। *—चार्ल्स कैलब काल्टन*

बिना अनुभव के कोरा शाब्दिक ज्ञान अंधा है।

—स्वामी विवेकानंद

अनुशासन

अनुशासन परिष्कार की अग्नि है, जिससे प्रतिभा योग्यता बन जाती है। *—अज्ञात*

अभय

अभय ही ब्रह्म है। *—बृहदारण्यक उपनिषद्*

अभाव

अभावों में अभाव है—बुद्धि का अभाव। दूसरे अभावों को संसार अभाव नहीं मानता। *—तिरुवल्लुवर*

अभिमान

अभिमान को जीत लेने से नम्रता जाग्रत् होती है।

—महावीर स्वामी

शुभार्थियों को अभिमान नहीं होता। *—कल्हण*

अभिमान करना अज्ञानी का लक्षण है। *—सूत्रकृतांग*

अभिमानी

बिना जाने हठपूर्वक कार्य करनेवाला अभिमानी विनाश को प्राप्त होता है। *—सोमदेव*

अभ्यास

कोई ऐसी वस्तु नहीं, जो अभ्यास करने पर भी दुष्कर हो।

—बोधिचर्यावतार

अर्थशास्त्र

सच्चा अर्थशास्त्र तो न्याय-बुद्धि पर आधारित अर्थशास्त्र है।

—महात्मा गांधी

अवगुण / दोष

अवगुण नाव की पेंदी के छेद के समान है, जो चाहे छोटा हो या बड़ा, एक दिन उसे डुबो देगा। *—कालिदास*

पराए धन का अपहरण, परस्त्री के साथ संसर्ग, सुहृदों पर अति शंका—ये तीन दोष विनाशकारी हैं।

—वाल्मीकि

अवसर

जो अवसर को समय पर पकड़ ले, वही सफल होता है।

—गेटे

अवसर उनकी मदद कभी नहीं करता जो अपनी मदद स्वयं नहीं करते। *—कहावत*

असंभव

'असंभव' एक शब्द है, जो केवल मूर्खों के शब्दकोश में पाया जाता है। *—नेपोलियन*

असमय

असमय में किया हुआ कार्य, न किया हुआ जैसा ही है।

—अज्ञात

अहंकार

अहंकार छोड़े बिना सच्चा प्रेम नहीं किया जा सकता।

—स्वामी विवेकानंद

अहसान

तलवार मारे एक बार, अहसान मारे बार-बार।

—लोकोक्ति

अहिंसा

अहिंसा परम श्रेष्ठ मानव-धर्म है, पशु-बल से वह अनंत गुना महान् और उच्च है। *—महात्मा गांधी*

आँख

अकेली आँख ही बता सकती है कि हृदय में प्रेम है अथवा घृणा। *—तिरुवल्लुवर*

आँसू

जो औरों के लिए रोते हैं, उनके आँसू भी हीरों की चमक को हरा देते हैं। *—रांगेय राघव*

आग्रह

स्वयं पर आग्रह करो, अनुकरण मत करो। *—एमर्सन*

आचरण

छोटी नदियाँ शोर करती हैं और बड़ी नदियाँ शांत-चुपचाप बहती हैं। *—सुत्तनिपात*

आचरण दर्पण के समान है, जिसमें हर मनुष्य अपना प्रतिबिंब दिखाता है। *—गेटे*

आत्मविश्वास

आत्मविश्वास सफलता का प्रथम रहस्य है। *—एमर्सन*

आत्मसम्मान

आत्मसम्मान रखना सफलता की सीढ़ी पर पग रखना है।

—अज्ञात

आत्मा

यह आत्मा ब्रह्म है। *—बृहदारण्यकोपनिषद्*

मनुष्य की आत्मा उसके भाग्य से अधिक बड़ी होती है।

—अरविंद

आत्मिक शक्ति

आत्मिक शक्ति ही वास्तविक शक्ति है। *—शिवानंद*

आदर्श

आदर्श कभी नहीं मरते। *—भगिनी निवेदिता*

आनंद

आनंद का मूल है—संतोष। *—मनुस्मृति*

आनंद वह खुशी है जिसके भोगने पर पछतावा नहीं होता।

—सुकरात

पढ़कर आनंद के अतिरेक से आँखें यदि गीली न हो जाएँ तो वह कहानी कैसी? *—शरच्चंद*

आपदा / आपत्ति

आपदा एक ऐसी वस्तु है, जो हमें अपने जीवन को गहराइयों में अंतर्दृष्टि प्रदान करती है। *—विवेकानंद*

आभूषण

नारी का आभूषण शील और लज्जा है। बाह्य आभूषण उसकी शोभा नहीं बढ़ा सकते। *—बृहत्कल्पभाष्य*

आय-व्यय

विद्वत्ता, चतुराई और बुद्धिमानी की बात यही है कि मनुष्य अपनी आय से कम व्यय करे। *—अज्ञात*

आरोग्य

आरोग्य परम लाभ है, संतोष परम धन है, विश्वास परम बंधु है, निर्वाण परम सुख है। *—धम्मपद*

धर्म, अर्थ, काम और मोक्ष का प्रधान कारण आरोग्य है।

—चरक संहिता

आलस्य

आलस्य मनुष्यों के शरीर में रहनेवाला घोर शत्रु है।

–भर्तृहरि

आलस्य दरिद्रता का मूल है। *–यजुर्वेद*

आवश्यकता

आवश्यकता आविष्कार की जननी है। *–लोकोक्ति*

आवश्यकता से अधिक बोलना व्यर्थ है। *–तुकाराम*

असीम आवश्यकता नहीं, तृष्णा होती है। *–जैनेंद्र*

आविष्कार

आविष्कार से आविष्कार का जन्म होता है। *–एमर्सन*

आशा

आशा और आत्मविश्वास ही वे वस्तुएँ हैं जो हमारी शक्तियों को जाग्रत् करती हैं। *–स्वेट मार्डेन*

प्रयत्नशील मनुष्य के लिए सदा आशा है। *–गेटे*

आसक्ति

विषयों के प्रति आसक्ति मोह उत्पन्न करती है। *–भारवि*

इच्छा

इच्छाएँ आकाश के समान अनंत हैं। *—उत्तराध्ययन*

इच्छा और आँसू

इच्छा और आँसू जुड़वाँ बहनें हैं। *—साधु वासवानी*

ईमानदार / ईमानदारी

ईमानदार मनुष्य ईश्वर की सर्वोत्तम रचना है। *—अलेक्जेंडर*

बहुत लोगों की अपेक्षा थोड़े से ईमानदार लोग अधिक अच्छे हैं। *—ऑलिवर क्रामवेल*

ईमानदारी सर्वोत्तम नीति है। *—लोकोक्ति*

ईर्ष्या

ईर्ष्या करनेवाले दूसरों को कष्ट देते हैं, पर अपने को तो महाकष्ट देते हैं। *—विलियम पेन*

ईश्वर

अंतःकरण सभी मनुष्यों के लिए ईश्वर है। *—मेनांडर*

ईश्वर न तो ऊपर स्वर्ग में है, न नीचे किसी पाताल में; वह तो हर मनुष्य के हृदय में विराजमान है। *—महात्मा गांधी*

जो ईश्वर को अपने पास समझता है, वह कभी नहीं हारता।

–महात्मा गांधी

ईश्वर ऐसा कृपालु है कि भक्तों को बिना माँगे देता है।

–तुकाराम

ईश्वर जीवन है, सत्य है और प्रकाश है। वही प्रेम है, वही परम मंगल है। *–महात्मा गांधी*

ईश्वर निराधारों का आधार है। *–लोकोक्ति*

ईश्वर का स्वभाव प्रेम है। उनकी भाषा मौन है।

–शिवानंद सरस्वती

तुम्हारा शरीर ईश्वर का मंदिर है और ईश्वर तुम्हारे भीतर है।

–सेंट फ्रांसिस असीसी

भगवान् का अनुभव हृदय से होता है, बुद्धि से नहीं।

–पास्कल

ईश्वर के अनेक रूप हैं, जिससे वह मानव में विकसित होता है। *–अरविंद*

मनुष्य-पूजा ही सच्ची ईश्वर-पूजा है। *–सरदार पूर्णसिंह*

ईश्वर का सबसे अच्छा नाम दरिद्रनारायण है।

–महात्मा गांधी

उत्तरदायित्व

हमें अपने उत्तरदायित्वों को गंभीरता से लेना चाहिए।

—पीतर उस्तीनोव

उत्सव

उत्सव आपस में प्रीति बढ़ाने के लिए मनाए जाते हैं।

—प्रेमचंद

उत्साह

उत्साह ही श्री का मूल कारण है। उत्साह ही परम सुख है।

—वाल्मीकि

उत्साह ही इंद्र है, उत्साह ही देव है। *—अथर्ववेद*

उदारता

सबसे बड़ी उदारता है अनुदार के प्रति उदार होना।

—बकमिनिस्टर

उद्यम

उद्यम ही सफलता की कुंजी है। *—अज्ञात*

—— उद्योगी व्यक्ति ——

उद्योगी व्यक्ति के घर में ऋद्धि-सिद्धि पानी भरती हैं।

—लोकोक्ति

उद्योगी व्यक्ति सब पर विजय प्राप्त करता है। *—वर्जिल*

—— उन्नति ——

उन्नति का बीजमंत्र सेवा और प्रेम है, न कि आज्ञा और बल-प्रयोग। *—स्वामी रामतीर्थ*

सबकी उन्नति में ही अपनी उन्नति समझनी चाहिए।

—स्वामी दयानंद

उन्नति और आगे बढ़ना प्रत्येक जीवात्मा का उद्देश्य है।

—अथर्ववेद

उन्नति का मूल आत्मसमर्पण है, उन्नति का अर्थ है आत्मज्ञान।

—महात्मा गांधी

—— उपकार ——

उपकार करना सबसे बड़ा धर्म है, कर्मदक्षता सबसे बड़ा अर्थ है, सुपात्र को दान देना सबसे बड़ी तृप्ति है तथा वैराग्य सबसे बड़ी मुक्ति है। *—अज्ञात*

उपदेश

उपदेश देना सरल है, उपाय बताना कठिन।

—रवींद्रनाथ टैगोर

दूसरों को उपदेश देने में सभी विद्वान् होते हैं। *—क्षेमेंद्र*

तत्त्वद्रष्टा को उपदेश की आवश्यकता नहीं है। *—आचारांग*

भगवान् की पूजा ही स्वधर्म है। *—भागवत*

उपवास

उपवास करने से चित्त अंतर्मुख होता है, दृष्टि निर्मल होती है और देह हलकी बनी रहती है। *—काका कालेलकर*

उपासना

ज्ञान मंत्र है। कर्म तंत्र है। उपासना दोनों को जोड़ देती है।

—विनोबा

उपासना से मनुष्य के अहंकार का शमन होता है।

—लक्ष्मीनारायण मिश्र

उपेक्षा

न अपनी उपेक्षा करो, न दूसरों की। *—आचारांग*

ऊँच-नीच

अज्ञानवश ऊँच-नीच का भेद मानना ही शूद्रत्व है।

—वेमना

ऋचाएँ

ऋचाएँ उसकी कामना करती हैं, जो जागता है।*—सामवेद*

एकचित्त

एकचित्त होकर कर्म करनेवाले को सफलता मिलती है और द्विधायुक्त चित्तवाला नष्ट हो जाता है। *—अज्ञात*

एकता

एकता का किला बड़ा दृढ़ होता है। इसके भीतर रहकर कोई प्राणी दुःख नहीं भोगता। *—अज्ञात*

मानवजाति को एकता का पाठ चींटियों से सीखना चाहिए।

—अज्ञात

एकता के कारण ही इस धरती पर सभी काम सफल बन सकते हैं। *—कोलाचलं श्रीनिवासराव*

औषधि

गलतियों की सबसे बड़ी औषधि है उनको भूल जाना।

—साइरस

कंजूस

कंजूस आदमी के दुश्मन सब होते हैं, दोस्त कोई नहीं होता। हर व्यक्ति को उससे नफरत होती है। *—प्रेमचंद*

कटु शब्द

कड़े और कटु शब्द दुर्बल कारण को सूचित करते हैं।

—विक्टर ह्यूगो

कथनी-करनी

कथनी और करनी में आदि और अंत का अंतर है।

—प्रेमचंद

कपट

कपट से कपट बढ़ता है। *—अथर्ववेद*

कर

बिना प्रतिनिधित्व के कर लगाना अत्याचार है।

—जेम्स ओटिस

कर्तव्य

कर्तव्य का पालन ही चित्त की शांति का मूल मंत्र है।

—प्रेमचंद

राज्य अपना धर्म-पालन करे या न करे, मगर हमें तो अपना कर्तव्य पूरा करने के लिए तैयार रहना चाहिए।

—सरदार पटेल

कर्म

कार्य उद्यम से सिद्ध होते हैं, मनोरथों से नहीं।

—विष्णु शर्मा

काम, काम और काम ही हमारा जीवन-सूत्र होना चाहिए।

—महात्मा गांधी

छोटे-से-छोटा कर्म भी परमात्मा को अर्पित पुष्प है।

—सत्य साँईं बाबा

जो काम अच्छी नीयत से किया जाता है, वह ईश्वरार्थ होता है। *—प्रेमचंद*

अपने किए हुए शुभ और अशुभ कर्मों का फल अवश्य ही भोगना पड़ता है। *—नारदपुराण*

कठिन कार्य का साधन बुद्धि है। *—दंडी*

प्रत्येक अच्छा कार्य पहले असंभव नजर आता है।

—कार्लाइल

कर्म करने में ही तुम्हारा अधिकार है, फल में नहीं।

—गीता

मनुष्य के संपूर्ण कार्य उसकी इच्छा के प्रतिबिंब होते हैं।

—अज्ञात

काम कहना तो आसान है, करना बहुत कठिन है।

—वेमना

कर्म की गति गहन है। *—वेदव्यास*

अपना-अपना कर्म ही श्रेष्ठता व नीचता को परखने की कसौटी है। *—तिरुवल्लुवर*

कर में काम, मन में राम। *—तुकाराम*

किसी के द्वारा न किया गया असाधारण कार्य ही मनुष्य के लिए यश का कारण होता है। *—कालिदास*

कर्म-सौंदर्य के उपासक ही सच्चे उत्साही कहलाते हैं।

—आचार्य रामचंद्र शुक्ल

शब्दों की अपेक्षा कर्म अधिक पुकार-पुकारकर उपदेश देते हैं। *—स्वामी रामतीर्थ*

कर्म न करने की अपेक्षा कर्म करना श्रेष्ठ है। *—वेदव्यास*

हम सभी कर्म के अधीन हैं। *—वेदव्यास*

ज्ञान के लिए किया जानेवाला कर्म सभी कर्मों में श्रेष्ठतम है।

—अश्वघोष

कर्मों में कुशलता ही योग है। *—वेदव्यास*

कर्म से ही ब्राह्मण होता है, कर्म से ही क्षत्रिय। कर्म से ही वैश्य होता है और कर्म से ही शूद्र। *—उत्तराध्ययन*

वासनाओं से अलग रहकर जो कर्म किया जाता है, वही उचित कर्म है। *—वृंदावनलाल वर्मा*

मानव की वाणी की अपेक्षा उसका कर्म अधिक अच्छा नेतृत्व कर सकता है। *—हरिकृष्ण प्रेमी*

कर्म ही सबसे बड़ा शिक्षक है। *—सैमुअल स्माइल्स*

छोटी-छोटी क्रियाओं से महान् कर्मों का निर्माण होता है।

—शिवानंद

सारे ज्ञान-ध्यान का लक्ष्य सही कर्म ही है।

—चक्रवर्ती राजगोपालाचारी

व्यवहार में लाए जाने पर महान् विचार ही महान् कर्म बन

जाते हैं। *—हैजलिट*

वह कर्म सबसे उत्तम है, जो अधिकतम लोगों को सबसे बड़ी प्रसन्नता प्रदान करता है। *—फ्रांसिस हचेसन*

कर्म-कौशल कर्म करने से आता है। *—एमर्सन*

जो कार्य करता है, वही उसका फल भोगता है।
—संस्कृत लोकोक्ति

काम में देरी न होना कार्यसिद्धि का ही लक्षण है।
—कालिदास

कर्म सदा कर्ता के पीछे-पीछे चलते हैं। *—उत्तराध्ययन*

उन कामों से सदा दूर रहो जिनसे न यश मिलता है, न लाभ।
—तिरुवल्लुवर

जैसा बोओगे वैसा काटोगे। *—अज्ञात*

कर्मशील

ऐश्वर्य, लक्ष्मी, लज्जा, धृति और कीर्ति—ये कार्यदक्ष पुरुष में ही निवास करते हैं, आलसी में नहीं। *—वेदव्यास*

कर्मशील बनो और उच्च चरित्रवान् बनो। *—नेपोलियन*

कल

कल के भरोसे मत बैठो। मनुष्य का कल कौन जानता है।
—शतपथ ब्राह्मण

कला

कला जीवन का रस है। *—अमृतलाल नागर*

वह कला ही क्या जो कर्तव्य को लँगड़ा कर दे।
—वृंदावन लाल वर्मा

जीवन का रहस्य कला में है। *—आस्कर वाइल्ड*

कला प्रकृति की पुत्री है। *—लॉन्गफेलो*

कला का कला की तरह सम्मान करो। *—हैजलिट*

कला प्रकृति की परिपूर्णता है। *—सर टामस ब्राउन*

कलाकार

जो आदमी सच्चा कलाकार है, वह स्वार्थमय जीवन का प्रेमी नहीं हो सकता। *—प्रेमचंद*

कलाकार ही एकमात्र व्यक्ति है, जो यह जानता है कि सौंदर्य से क्या करना है। *—ज्याँ रोस्ता*

कवि

कवि को अपने कार्य में अंत:करण की तीन वृत्तियों से काम लेना पड़ता है—कल्पना, वासना और बुद्धि। इनमें से बुद्धि का स्थान बहुत गौण है। कल्पना और वासनात्मक अनुभूति ही प्रधान हैं। *—आचार्य रामचंद्र शुक्ल*

कविगण विश्व के अनभिस्वीकृत विधायक हैं। *—शैले*

वही सच्चा कवि है, जो दिव्य सौंदर्य के अनुभव में लीन हो जाए। *—सरदार पूर्णसिंह*

कवि का काव्य ही उसकी आत्मा का सत्य है। *—अज्ञेय*

कविता

कविता मरती नहीं है। *—बो जेंद्रीनी*

कविता करना अनंत पुण्य का फल है।*—जयशंकर प्रसाद*

कवि-वचन

जो व्यक्ति कवि–समूह के वचनों को चुनता है, वह अधिक पढ़ा हुआ न हो तो भी सरस्वती उसके अधीन रहती है।

—अज्ञात

कष्ट

कष्ट हृदय की कसौटी है। *—जयशंकर प्रसाद*

कायर

कायर का जीना झूठा है, जो केवल डरना जानता है। सच्चा जीवन वीरों का है, जो मरना जानते हैं। *—अज्ञात*

कार्यकर्ता

सभी नेताओं को पहले कार्यकर्ता होना चाहिए। जो कार्यकर्ता नहीं बन सकता, वह नेता भी नहीं बन सकता।

—श्यामाप्रसाद मुखर्जी

न्याय कार्यगत सत्य है। *—डिजरायली*

काव्य

काव्य अलंकार से उपादेय होता है। *—वामन*

कुल

जिस कुल में स्त्री-पुरुष परस्पर एक-दूसरे से संतुष्ट रहते हैं, उसका कल्याण अवश्य होता है। *—अज्ञात*

कुसंगति

कुसंगति अच्छे चरित्र को बिगाड़ देती है। *—नवविधान*

दुःख आलस्य का ही एक प्रकार है। *—डॉ. जॉनसन*

कृतघ्नता

अकृतज्ञता मानवता के प्रति विश्वासघात है। *—टॉमसन*

कृतघ्न व्यक्तियों का कल्याण कहाँ! *—सोमदेव*

कृतज्ञता

कृतज्ञता मित्रता को चिरस्थायी रखती है और नए मित्र बनाती है। *—कहावत*

कृतज्ञता का बंधन अमोघ है। *—जयशंकर प्रसाद*

कृषक

कृषकों का जीवन ही जीवन है। अन्य सब दूसरों की वंदना करके भोजन पाकर उनके पीछे चलनेवाले ही हैं। *—तिरुवल्लुवर*

कृषक सारे संसार के लिए किल्ली के समान है, क्योंकि वह अन्य सभी का भार वहन कर रहा है। *—तिरुवल्लुवर*

कोमल वाणी

मंगलमयी कोमल वाणीवाला मनुष्य प्राणियों को आनंदित करता है। *—अज्ञात*

क्रियाशीलता

अविश्रांत क्रियाशीलता ही पुरुषार्थ का लक्षण है। *—गेटे*

क्रोध

मूर्खों को ही क्रोध आता है, ज्ञानियों को नहीं।*—विष्णुपुराण*

क्रोध मस्तिष्क के दीपक को बुझा देता है। *—इंगरसोल*

क्रोध से कीर्ति नष्ट होती है और क्रोध स्थिर लक्ष्मी का भी नाशक है। *—मत्स्यपुराण*

क्रोध इंजन है, अविवेक और अज्ञान उसके पहिए हैं। *—अज्ञात*

प्रजा का कोप सब कोपों से बड़ा होता है। *—चाणक्य*

व्यंग्य और क्रोध में आग और तेल का संबंध है। *—प्रेमचंद*

क्रोध मूर्ख को मारता है और ईर्ष्या बुद्धिहीन को। *—पूर्वविधान*

—— क्रोधी ——

क्रोधी का मुँह खुला रहता है, पर आँखें बंद हो जाती हैं। *—कैटो*

—— क्षत्रिय ——

खाट पर मरना क्षत्रिय के लिए अधर्म है। *—वेदव्यास*

—— क्षत्रियत्व ——

लड़ते हुए मर जाना जीत है, धर्म है। लड़ने से भागना पराधीनता है, दीनता है। शुद्ध क्षत्रियत्व के बिना शुद्ध स्वाधीनता असंभव है। *—महात्मा गांधी*

क्षमा

क्षमा धर्म है, क्षमा यज्ञ है, क्षमा वेद है तथा क्षमा शास्त्र है।

—वेदव्यास

सज्जन मूर्ख के दोष को सदा क्षमा कर देते हैं।

—ब्रह्मवैवर्तपुराण

दंड देने की शक्ति होने पर भी दंड न देना सच्ची क्षमा है।

—महात्मा गांधी

गलती करना मानवीय है, किंतु क्षमा करना दिव्य है।

—अज्ञात

स्त्री अथवा पुरुष के लिए क्षमा ही अलंकार है।

—वाल्मीकि

क्षमा असमर्थ मनुष्यों का गुण तथा समर्थ मनुष्यों का भूषण है। *—वेदव्यास*

क्षमा तो सब तपस्याओं का मूल है। *—बाणभट्ट*

क्षमा तपस्वियों का भूषण है। *—चाणक्य*

क्षमा यश है, क्षमा धर्म है, क्षमा में ही चराचर जगत् स्थिर है।

—वाल्मीकि रामायण

सबसे उत्तम बदला क्षमा कर देना है। *—रवींद्रनाथ ठाकुर*

क्षुद्र बात

क्षुद्र बातें क्षुद्र मनों को प्रभावित करती हैं। *—डिजरायली*

खेल

खेल में हम प्रकट कर देते हैं कि हम किस प्रकार के लोग हैं।

—ओविड

ख्याति

ख्याति वह प्यास है जो कभी नहीं बुझती। *—अज्ञात*

गंगाजल

गंगाजल सेवन करने पर आमरण किए हुए पापों को हर लेता है।

—नारदपुराण

भारत की तो गंगा प्राण है, शोभा है, वरंच सर्वस्व है।

—प्रतापनारायण मिश्र

गंतव्य

वही सबसे तेज चलता है, जो अकेला चलता है।

—रुडयार्ड किपलिंग

गरमी

गरमी गरमी से ही शांत होती है। *—संस्कृत लोकोक्ति*

गलती

अपनी गलती स्वीकार करने से हम छोटे नहीं हो जाते। *—अज्ञात*

गलती स्वीकार करना झाड़ू के समान है, जो गंदगी को हटाकर सतह को साफ कर देती है। *—महात्मा गांधी*

गुण

गुणों का आदर सर्वत्र होता है। *—कालिदास*

एक गुण समस्त दोषों को ढक लेता है। *—चाणक्य*

गुणों का ही सर्वत्र सम्मान होता है, गुणी के वंश का नहीं। *—चाणक्य*

गुणी मनुष्य अपनी प्रशंसा स्वयं नहीं करते। *—अज्ञात*

गुण प्रेम में रहते हैं, वस्तु में नहीं। *—भारवि*

गुरु

बिना गुरु के ज्ञान नहीं होता। *—तुलसीदास*

गृह

भार्या, पुत्र, पौत्र आदि ही गृह कहलाते हैं। —*अज्ञात*

गृहिणी

गृहिणी के बिना घर अरण्य सदृश है। —*वेदव्यास*

गौ

गौ अवध्य है और वह जनों के लिए घी देती है, इसलिए गौ की हिंसा न करें। —*यजुर्वेद*

गायें सब प्राणियों की माताएँ हैं तथा सब सुख प्रदान करनेवाली होती हैं। —*वेदव्यास*

गौरव

हमारा गौरव कभी न गिरने में नहीं है, अपितु गिरकर हर बार उठने में है। —*कन्फ्यूशस*

घृणा

खतरों से घृणा की जाए तो वे और बड़े हो जाते हैं। —*एडमंड बर्क*

चरित्र

चरित्र महान् व्यक्तियों का शासक है। *—अज्ञात*

धन गया, कुछ भी नहीं गया; स्वास्थ्य गया, कुछ गया; चरित्र गया तो सबकुछ गया। *—अज्ञात*

चरित्र ही आध्यात्मिकता है। *—भगिनी निवेदिता*

हमारा व्यक्तित्व जैसा होगा वैसा ही दुनिया का नक्शा हम बनाएँगे। इसे 'चारित्र्य' कहते हैं। *—दादा धर्माधिकारी*

मनुष्य के चरित्र का पता उसकी बातचीत से चल जाता है। *—मीनेंडर*

चाटुकारिता

चरित्रहीन धनी भी विपत्ति में पड़ता है। *—शूद्रक*

इस दुनिया में सत्ता के पीछे लगा हुआ सबसे बड़ा रोग कोई हो सकता है तो वह खुशामद है। *—सरदार पटेल*

जो चाटुकारिता करना जानता है, वह निंदा करना भी जानता है। *—नेपोलियन प्रथम*

चिंता

चिंताएँ शहद की मक्खी के समान हैं, जितना हटाएँगे उतना चिपटेंगी। —*अज्ञात*

चेहरा

चेहरा हृदय का प्रतिबिंब है। —*कहावत*

जननी

जननी की शक्ति संसार में सबसे महान् है।

—*रामकुमार वर्मा*

जननी का हृदय शिशु की पाठशाला है।

—*एच.डब्ल्यू. बीचर*

धर्मशास्त्रों के अनुसार माता सबसे पहले पूजनीया है।

—*शिवराम कवि*

यह महान् पृथ्वी मेरी माता है। —*ऋग्वेद*

जननी सदैव जननी है, जीवित वस्तुओं में पवित्रतम।

—*कालरिज*

माता के हृदय से बढ़कर कोई शास्त्र नहीं है।

—*रामकुमार वर्मा*

माता के चरण–कमल समीपस्थ तीर्थ हैं, शरीर के संताप से रहित तप हैं तथा बिना जल का स्नान हैं। *–अज्ञात*

पत्नी धन चाहती है और माँ पुत्र के खाने–पीने की चिंता करती है। *–लोकोक्ति*

—— जल ——

जल सब रोगों की एकमात्र दवा है। *–ऋग्वेद*

—— जिंदगी ——

जिंदगी एक कसौटी है, जिस पर ईश्वर हमें कसता है। *–अज्ञात*

चिंता जीवन की शत्रु है। *–शेक्सपियर*

—— जिज्ञासा ——

जिज्ञासा के बिना ज्ञान नहीं होता। *–महात्मा गांधी*

—— जीवन ——

जीवन स्वयं में न तो अच्छा होता है, न बुरा। जैसा तुम इसे बना दो, यह वैसा ही अच्छा या बुरा बन जाता है। *–मांतेन*

आश्चर्य की बात है कि लोग जीवन को बढ़ाना चाहते हैं, सुधारना नहीं। *—सुकरात*

जीवन को भूलों पर बलिदान नहीं करना चाहिए। *—यशपाल*

जीवन की खिड़की में से ही परमात्मा की झाँकी मिलनी संभव है। *—वृंदावनलाल वर्मा*

आध्यात्मिक जीवन पूर्ण निस्स्वार्थता है। *—शिवानंद*

जीवन के इन छह छिद्रों—आलस्य, प्रमाद, उत्साहहीनता, असंयम, अधिक निद्रा और तंद्रा को पूर्णतया छोड़ देना चाहिए। *—अज्ञात*

जिसके जीने से बहुत से लोग जीवित रहें, इस संसार में वास्तव में वही जीता है। *—विष्णु शर्मा*

जीवन का सत्य है प्रसन्नता। *—जयशंकर प्रसाद*

जीवन की सभी बुराइयों की औषधि है—प्रेम। *—शिवानंद*

जीवन अनंत है और मनुष्य का सामर्थ्य भी अनंत है। *—यशपाल*

धर्म रहित जीवन पतवार रहित नौका के समान है। *—अज्ञात*

जो दूसरों के जीवन के अंधकार को दूर करते हैं, सही मायने में वही जीते हैं। *–अज्ञात*

अनवरत प्रयत्न का नाम ही जीवन है। *–वृंदावनलाल वर्मा*

जीवन परमात्मा तक की तीर्थयात्रा है। *–सत्य साँई बाबा*

भावनाशून्य जीवन ठंडे लावे के समान है।
–श्रीराम शर्मा 'राम'

ज्ञान

यह बोध कि तुम अज्ञानी हो, ज्ञान की ओर एक बड़ा पग है।
–डिजरायली

ज्ञान अज्ञान को दूर करता है। *–अज्ञात*

ज्ञान मनुष्य जीवन का सार है। *–अज्ञात*

ज्ञान मानव जीवन का सार है। *–अज्ञात*

ज्ञान का मूल्य बहुमूल्य रत्न से भी अधिक है। *–निराला*

ज्ञान ही वास्तविक सोना और हीरा है।
–स्वामी शिवानंद

ज्ञान सत्त्व गुण है, राग-द्वेष रजोगुण हैं और अज्ञान तमोगुण है। *–मनुस्मृति*

मन-रूपी उन्मत्त हाथी को वश में करने के लिए ज्ञान अंकुश के समान है। *—अज्ञात*

हमारी अपनी अज्ञानता का ज्ञान ही बुद्धिमत्ता के मंदिर का स्वर्ण सोपान है। *—अज्ञात*

ज्ञान का आभूषण क्षमा है। *—संस्कृत लोकोक्ति*

ज्ञान-राशि

ज्ञान-राशि के संचित कोश का नाम ही साहित्य है।

—महावीरप्रसाद द्विवेदी

ज्ञानी

अज्ञानी सदा सोते रहते हैं, ज्ञानी सदा जागते रहते हैं।

—आचारांग

ज्ञानी पुरुषों को संसार का भय नहीं होता।

—चाणक्यसूत्राणि

ज्ञानी मनुष्य अपनी शक्तियों से मातृभूमि की सेवा करते हैं।

—अथर्ववेद

डर

जिसे पराजित होने का डर है, उसकी हार निश्चित है।

—नेपोलियन

तप

तप से ब्रह्म वृद्धि को प्राप्त करता है। *—मुंडकोपनिषद्*

तपों में सर्वोत्तम तप है—ब्रह्मचर्य। *—सूत्रकृतांग*

तपस्या

तपस्या ही सारे जगत् का मूल है। *—वेदव्यास*

तानाशाही

तानाशाही हिंसा को जन्म देती है। *—रिचर्ड निक्सन*

तीर्थ

आत्मतीर्थ ही महातीर्थ है, अन्य तीर्थ निरर्थक हैं।

—जाबालदर्शनोपनिषद्

तृष्णा

जिसकी तृष्णा बढ़ी-चढ़ी है, वही दरिद्र है। *—भर्तृहरि*

जो कुछ भी दुःख होता है, वही तृष्णा के कारण होता है।

—गौतम बुद्ध

तृष्णा का प्याला पीकर आदमी अविचारी हो जाता है।

—अज्ञात

—— त्याग ——

छोटी वस्तुओं की अपेक्षा बड़ी वस्तुओं का त्याग ही वास्तविक त्याग है। *—मॉण्टेन*

परस्त्री, परधन, परनिंदा, परिहास और बड़ों के सामने चंचलता—इनका त्याग करना चाहिए। *—अज्ञात*

अहंकार-त्याग ही सर्वस्व का त्याग है।

—माधव स. गोलवलकर

—— त्रुटियाँ ——

सर्वोत्तम मनुष्य त्रुटियों से ढलकर निकलते हैं।

—शेक्सपियर

—— दया ——

दया करना सबसे बड़ा धर्म है। *—वाल्मीकि*

दया करना तो स्त्री का स्वाभाविक धर्म है।

—रामकुमार वर्मा

दया धर्म की जन्मभूमि है। *—चाणक्य नीति*

दान

थोड़ा रहने पर जो दान दिया जाता है, वह हजार के बराबर होता है। *—अज्ञात*

दान से हाथ की शोभा बढ़ती है, आभूषणों से नहीं।

—चाणक्य

उस दान में कोई पुण्य नहीं, जिसमें विज्ञापन हो। *—अज्ञात*

लेने की अपेक्षा देने में धन्यता है। *—नवविधान*

श्रेष्ठ दान विद्या व ज्ञान का दान है। *—स्वामी रामतीर्थ*

दानी

दानी अमरत्व पाते हैं। दानी दीर्घायु प्राप्त करते हैं।

—ऋग्वेद

दिन

हर दिन वर्ष का सर्वोत्तम दिन है। *—एमर्सन*

—— दुःख ——

दुःख से डरना कायरता है। *—हरिकृष्ण प्रेमी*

दुःख के सम्मुख मुसकराने से दुःख ही सुख लगने लगता है। *—गोपालदास 'नीरज'*

—— दुर्जन ——

दुर्जनों की वाणी में कुछ अन्य, कंठ में कुछ अन्य और होंठों पर कुछ अन्य भाव होते हैं। *—अज्ञात*

—— दुष्ट ——

दुष्ट उन्नति प्राप्त करके भी पहले स्वजन को ही संतप्त करता है। *—रविगुप्त*

—— देवता ——

देवता भक्ति से संतुष्ट होते हैं। *—भास*

—— देश-सेवा ——

देश की सेवा करने में जो मिठास है, वह और किसी चीज में नहीं है। *—सरदार पटेल*

देह

देह एक रथ है, इंद्रियाँ उसमें घोड़े, बुद्धि सारथि और मन लगाम है।

—ज्ञानेश्वरी

धन

धन अपना-पराया नहीं देखता। *—अज्ञात*

उत्तम विचार और महान् चरित्र-बल ही परम धन है।

—अज्ञात

धन बल नहीं है, साधुता एवं पवित्रता ही बल है।

—स्वामी विवेकानंद

धन खोकर अगर हम अपनी आत्मा को पा सकें तो यह कोई महँगा सौदा नहीं है। *—प्रेमचंद*

धन का फल

धन का फल है धर्म, जिससे ज्ञान, विज्ञान और शांति मिले।

—भागवत

धन-संग्रह

धन-संग्रह की अपेक्षा तपस्या का संग्रह श्रेष्ठ है।

—महाभारत

धर्म

धर्म का अर्थ है प्राणियों पर दया। *—तुकाराम*

अहिंसा सर्वोत्तम धर्म है। *—वेदव्यास*

धर्म का भूषण वैराग्य है, वैभव नहीं। *—महात्मा गांधी*

धर्म की क्षति जिस अनुपात में होती है उसी अनुपात में आडंबर की वृद्धि होती है। *—प्रेमचंद*

सभी धर्म सत्य के अंशावतार हैं। *—विनोबा*

सभी धर्मों का आधार प्रेम है। *—रवींद्रनाथ ठाकुर*

धर्म का मूल विनय है और मोक्ष उसका अंतिम फल है। *—दशवैकालिक*

सत्पुरुषों का धर्म कभी पुराना नहीं होता। धर्म का पालन धैर्य से होता है। *—महात्मा गांधी*

जीवनोपयोगी दर्शन ही धर्म कहलाता है। *—शिवानंद*

जो आपत्तिकाल में धर्म को धारण करता है, वही धर्मात्माओं में श्रेष्ठ है। *—वेदव्यास*

विनीत, दयालु और सच्चरित्र होना धर्म का परम तत्त्व है। *—विलियम पेन*

धैर्य

बड़े लोग विपत्ति आने पर धैर्य धारण करते हैं।

—नारायण पंडित

ध्येय हमारा ध्येय सत्य होना चाहिए, न कि सुख।

—सुकरात

नकल

दूसरों की नकल न कीजिए, अपने को पहचानिए और जो आप हैं वही बने रहिए। *—डेल कार्नेगी*

नम्रता / विनम्रता

नम्रता की ऊँचाई का नाप नहीं। *—विनोबा*

नम्रता और मीठे वचन ही मनुष्य के आभूषण होते हैं।

—तिरुवल्लुवर

नम्रता सारे गुणों का दृढ़ स्तंभ है। *—कन्फ्यूशस*

विनम्रता एक आध्यात्मिक शक्ति है। *—रवींद्रनाथ ठाकुर*

विनम्रता शरीर की अंतरात्मा है। *—एडीसन*

विनम्रता एक गुण है और यह गुण अतिथियों में स्वाभाविक रूप से होता है। *—मैक्स बीरबोह्म*

नारी

नारी पूजा की वस्तु है, उपेक्षा की नहीं। *—प्रेमचंद*

स्त्री सहनशक्ति की साक्षात् प्रतिमूर्ति, धैर्य का अवतार होती है। *—महात्मा गांधी*

भली स्त्री से घर की रक्षा होती है। *—चाणक्य*

नारी नर की सहचरी, उसके धर्म की रक्षक, उसकी गृहलक्ष्मी तथा उसे देवत्व तक पहुँचानेवाली साधिका है।

—डॉ. राधाकृष्णन

सन्नारी से विवाह जीवन के तूफान में बंदरगाह की तरह है।

—अज्ञात

निंदक

निंदक आखिर स्वयं ही निंदित हो जाते हैं। *—ऋग्वेद*

निंदा

आत्मप्रशंसा आत्मदाह है और दूसरे की निंदा भी वैसी ही है। *—अज्ञात*

निर्गुण-सगुण

निर्गुण अथवा सगुण चिन्मयी पराशक्ति पूजनीय है।

—देवीभागवत

निर्भीकता

निर्भीकता स्वतंत्रता की पहली सीढ़ी है। *—प्रेमचंद*

निर्माण

निर्माण में ही मनुष्य की अमरता है।

—लक्ष्मीनारायण मिश्र

निर्वाण

निर्वाण के आनंद से बढ़कर कोई अन्य आनंद नहीं है।

—थेरी गाथा

निश्चय

निश्चय ही दृढ़ निश्चयी लोगों का परिश्रम फल-प्राप्ति पर्यंत चलता रहता है। *—अज्ञात*

नीतिज्ञ

नीतिज्ञ के लिए यश और धन की कमी नहीं है। *—प्रेमचंद*

नीतियाँ

ठीक समय पर प्रारंभ की गई नीतियाँ अवश्य ही फल प्रदान करती हैं। *—कालिदास*

पड़ोसी

अच्छे पड़ोसी आशीर्वाद-स्वरूप हैं। *—अज्ञात*

पतिव्रता

पतिव्रताओं के आँसू इस पृथ्वी पर व्यर्थ नहीं गिरते।

—वाल्मीकि

परमात्मा

इंद्रियों से मन श्रेष्ठ है, मन से बुद्धि श्रेष्ठ है, बुद्धि से ज्ञान श्रेष्ठतर है और ज्ञान से परात्पर परमात्मा श्रेष्ठ है।

—वेदव्यास

सब बातों में परमात्मा को धन्यवाद दो। *—नवविधान*

परिस्थिति

मनुष्य परिस्थिति का दास नहीं, अपितु परिस्थितियाँ मनुष्य की दासी हैं। *—डिजरायली*

परीक्षा

बिना परीक्षा किए कोई भी काम नहीं करना चाहिए।

–स्वयंभूदेव

परोपकार

भला करनेवाले का भला होता है और बुरा करनेवाले का बुरा। *–सोमदेव*

जनहित सबसे बड़ा कानून है। *–सिसरो*

पवित्र

सेवा करनेवाले हाथ स्तुति करनेवाले ओष्ठों की अपेक्षा अधिक पवित्र हैं। *–सत्य साँईं बाबा*

पाप

लोभ, द्वेष और मोह पाप के मूल हैं। *–मज्झिमनिकाय*

पापकर्म से सदैव बचें। *–अज्ञात*

पाप और अधर्म की जड़ लोभ है। *–महाभारत*

पुण्य कर्म

पुण्य कर्म से जीवन पवित्र होता है और पाप कर्म से पापात्मा होता है। *–उपनिषद्*

पुरुष पुण्यकर्म से पुण्यवान् होता है और पापकर्म से पापी होता है। *—बृहदारण्यक उपनिषद्*

—— पुत्री ——

दूसरे की पुत्री दूसरे की-सी लगती है, किंतु अपनी प्राण के समान। *—लोकोक्ति*

—— पुरुषार्थ ——

पहले स्वयं पुरुषार्थ करो, फिर भगवान् को पुकारो।

—अज्ञात

पुरुषार्थ परिस्थितियों को अपने अनुकूल बनाने में है।

—महात्मा गांधी

आज का पुरुषार्थ ही कल का भाग्य है। *—अज्ञात*

—— पुस्तक ——

पुस्तकों से विहीन घर खिड़कियों से विहीन भवन के समान है। *—अज्ञात*

पुस्तकों का भाग्य अध्ययनकर्ता की योग्यता पर निर्भर करता है। *—टेरेंटियनस मारस*

अच्छी पुस्तक पढ़ने के बाद आप सदैव मनोवृत्ति के उन्नयन के साथ उठते हैं। *—चक्रवर्ती राजगोपालाचारी*

विचारों के युद्ध में पुस्तकें ही अस्त्र हैं। *–जॉर्ज बर्नार्ड शॉ*

——— पूजा ———

पूजा या प्रार्थना वाणी से नहीं, हृदय से करने की चीज है।
–महात्मा गांधी

दीन-दुःखियों की सेवा ही ईश्वर की पूजा है। *–तुकाराम*

ईश्वर की सच्ची पूजा उसकी सृष्टि की सेवा में ही है।
–अज्ञात

भगवान् की पूजा ही स्वधर्म है। *–भागवत*

——— प्रज्ञा ———

प्रज्ञा की आँख ही सर्वश्रेष्ठ आँख है। *–इतिवुत्तक*

——— प्रतिज्ञा ———

की हुई प्रतिज्ञा और दिए हुए वचन का सदैव पालन करना चाहिए। *–अज्ञात*

प्रतिज्ञा का पालन ही महानता का लक्षण है। *–वाल्मीकि*

——— प्रतिभा ———

प्रतिभा जन्मजात होती है, वह सिखाई नहीं जाती।*–ड्राइडेन*

प्रतिभा का दूसरा नाम ही सूरमापन है। *—वेमन*

प्रतिभा आविष्कार करती है, बुद्धि केवल अन्वेषण करती है।
—अज्ञात

प्रतिष्ठा

कुल की प्रतिष्ठा नम्रता और सद्व्यवहार से होती है।
—प्रेमचंद

प्रतिहिंसा

प्रतिहिंसा पाशव धर्म है। *—जयशंकर प्रसाद*

प्रशंसा

मिथ्या प्रशंसा बहुत कष्टप्रद होती है। *—भास*

प्रसन्न

यदि हम प्रसन्न हैं तो सारी प्रकृति ही हमारे साथ मुसकराती प्रतीत होती है। *—स्वेट मार्डेन*

सदैव दूसरों को प्रसन्न रखने की बात सोचनी चाहिए।
—एल्फ्रेड एडलर

प्रसन्न करने का उपाय है स्वयं प्रसन्न रहना। *—अज्ञात*

प्रसन्नता

प्रसन्नता स्वास्थ्य देती है, विषाद रोग देता है। —*अज्ञात*

प्रसन्नता की भावना की तुलना झर-झर बहते, चमकते जल के साथ हो सकती है। —*स्वेट मार्डेन*

प्रसन्नता आत्मा को शक्ति देती है। —*सैमुअल स्माइल्स*

असली प्रसन्नता संतुष्ट मन से पैदा होती है। —अज्ञात

प्राप्तव्य

विद्या, धन, पर्वत पर आरोहण, काम और धर्म—ये पाँच शनैः-शनैः प्राप्त किए जाते हैं। —*बृहस्पतिनीतिसार*

प्रेम

प्रेम असीम विश्वास है, असीम धैर्य है और असीम बल है। —*प्रेमचंद*

प्रेम आत्मा से होता है, शरीर से नहीं।—*भगवतीचरण वर्मा*

प्रेम वसंत का समीर है, द्वेष ग्रीष्म की लू। —*प्रेमचंद*

प्रेम ही मानव जीवन सार। —*सुमित्रानंदन पंत*

हृदय उसके प्रेम का भवन है और नेत्र उसकी आकृति का दर्पण हैं। —*हाफिज*

प्रेम प्रतिदान नहीं चाहता, मोह प्रतिदान चाहता है।

—अश्विनीकुमार दत्त

प्रेम एक बीज है, जो एक बार जमकर फिर बड़ी मुश्किल से उखड़ता है। *—प्रेमचंद*

प्रेम चतुर मनुष्य के लिए नहीं, वह तो शिशु जैसे सरल हृदयों की वस्तु है। *—जयशंकर प्रसाद*

प्रेमी वही है जो प्रेम की अग्नि में तपकर कंचन बन जाए।

—शेख नूरुद्दीन

प्रेम संसार का महान् संगीतज्ञ है। —फिट्ज्जेराल्ड

—— फल ——

फल की आशा को त्यागकर कर्म करो। *—तुकाराम*

मनुष्य जैसा बीज बोता है वैसा ही फल पाता है।

—लोकोक्ति

—— बड़प्पन ——

छोटी बातों में बड़ा होना ही सच्चा बड़प्पन है। *—अज्ञात*

—— बहता पानी ——

बहते पानी रमते जोगी का मूल स्त्रोत नहीं पूछा जाता।

—वृंदावनलाल वर्मा

बहुमत

बहुमत की आवाज न्याय की द्योतक नहीं है। *–शिलर*

बाँसुरी

बाँसुरी व वीणा की ध्वनि को वे ही मधुर कहेंगे, जिन्होंने अपने शिशु की तोतली बोली न सुनी हो। *–तिरुवल्लुवर*

बात

किसी बात को यों ही मानकर मत चलो। *–डिजरायली*

बातें

हम बड़ी बातों को न सोचें, अच्छी बातों को सोचें।

–महात्मा गांधी

बादल

जो गरजते हैं, वे बरसते नहीं। *–लोकोक्ति*

बालक

बालक वे चमकते हुए तारे हैं जो भगवान् के हाथ से छूटकर धरती पर गिर पड़े हैं। *–चक्रवर्ती राजगोपालाचारी*

बुद्धि

अपनी इंद्रियाँ जिसके वश में हैं, उसकी बुद्धि स्थिर है।

—श्रीमद्भगवद्गीता

जहाँ बुद्धि है, वहीं शांति है। *—वेदव्यास*

शुद्ध बुद्धि कामधेनु ही है। *—राजशेखर*

क्रोध से कलुषित बुद्धि कर्तव्य-अकर्तव्य का विचार नहीं करती। *—बाणभट्ट*

जहाँ बुद्धि शासन करती है, वहाँ शांति में वृद्धि होती है।

—कहावत

बुद्धि का बल

शारीरिक बल से बुद्धि का बल श्रेष्ठ होता है।

—हरिदास सिद्धांतवागीश

बुद्धि का मूल

बुद्धि का मूल है—इंद्रियों की निर्मलता। *—वेदव्यास*

बुद्धिमान्

बुद्धिमानों की परीक्षा संकटकाल में होती है और शूरवीरों की संग्राम में। *—सोमदेव*

बुद्धिमान् पुरुष को सदैव आशावान् रहना चाहिए। *—अज्ञात*

बुद्धिमान् दूसरों की त्रुटियों से शिक्षा लेते हैं, मूर्ख अपनी त्रुटियों से। *—कहावत*

देश बुद्धिमानों से शोभित होता है। *—शेख सादी*

——— ब्रह्म ———

जो इस (ब्रह्म) को जानते हैं, वे अमृत हो जाते हैं।

—कठोपनिषद्

——— भक्त ———

परमात्मा का भक्त कभी नष्ट नहीं होता है। *—वेदव्यास*

——— भक्ति ———

भगवत्सम्मिलन की उत्कट उत्कंठा ही भक्ति है।

—श्रीहरिहरानंद सरस्वती

भक्ति मूल है, ज्ञान उसका फल है, वैराग्य तो उसका फूल मात्र है। *—एकनाथ*

——— भाग्य ———

भाग्य साहसी का साथ देता है। *—वर्जिल*

भाग्य-क्रम से धन आता और जाता है। —*शूद्रक*

भाग्य पर वह भरोसा करता है, जिसमें पौरुष नहीं होता। —*प्रेमचंद*

भाव

भाव ही भगवान् है। —*तुकाराम*

भाषण

भाषण चाँदी है, मौन सोना है; भाषण मानवीय और मौन दैविक है। —*अज्ञात*

भोग-लिप्सा

भोग-लिप्सा मनुष्य को स्वार्थांध बना देती है। —*प्रेमचंद*

मद्य

मद्य पीने से अर्थ, धर्म और काम—तीनों नष्ट हो जाते हैं। —*वाल्मीकि*

मन

जैसा खाए अन्न वैसा होए मन। —*अज्ञात*

मन की नीरोगता ही सच्ची नीरोगता है। —*अज्ञात*

जिसने मन को जीत लिया उसने जगत् को जीत लिया।

—शंकराचार्य

—— मन के विचार ——

हमारे मन के विचार कर्म के पथ-प्रदर्शक होते हैं। *—प्रेमचंद*

—— मनुष्य ——

मनुष्य ही परमात्मा का सर्वोच्च साक्षात् मंदिर है, इसलिए साकार देवता की पूजा करो। *—स्वामी विवेकानंद*

सुसंस्कृत मनुष्य ही समानता के सच्चे प्रचारक हैं।

—मैथ्यू आर्नोल्ड

मनुष्य जिस मार्ग पर जाए, उसपर उसे फूल बिखेरते हुए जाना चाहिए। *—स्वेट मार्डेन*

—— मनुष्य जन्म ——

मनुष्य जन्म सभी जन्मों में उत्कृष्ट है। *—भागवत*

—— महत्त्वाकांक्षा ——

जीवन की महत्त्वाकांक्षाएँ शिशुओं के रूप में आती हैं।

—रवींद्रनाथ ठाकुर

—— महानता ——

कोई भी व्यक्ति अनेक और बड़ी गलतियाँ करे बिना कभी महान् नहीं हुआ। *—ग्लैडस्टन*

—— महान् ——

महानों में महान् वह है, जो मूढ़ के शब्दों को सह ले।

—तिरुवल्लुवर

—— महान् कार्य ——

महान् कार्यों के लिए प्रेरणा चाहिए होती है। *—लेनिन*

महान् कार्य महान् मानसों के द्योतक होते हैं।

—फ्रांसिस ब्यूमाँ व जॉन फ्लेचर

—— महान् व्यक्ति ——

महान् व्यक्ति संपत्ति और विपत्ति में एकरूप रहते हैं।

—विष्णु शर्मा

महान् व्यक्तियों की सूक्तियाँ अपूर्व आनंद देनेवाली, उत्कृष्ट पद पर पहुँचानेवाली और मोह को पूर्णतया दूर करनेवाली होती हैं। *—योगवासिष्ठ*

महापुरुष

महापुरुष जो उपकार करते हैं, उसका प्रतिफल नहीं चाहते।

–तिरुवल्लुवर

मातृत्व

विश्व में मातृत्व आदर्श संबंध है। *–भगिनी निवेदिता*

मातृत्व दीर्घ तपस्या है। *–प्रेमचंद*

मातृ-प्रेम

भाई–बहनों को एक करनेवाली कोई शक्ति है तो मातृ–प्रेम है। *–विनोबा भावे*

मातृभाषा

मातृभाषा का अनादर भी माँ के अनादर के बराबर है।

–महात्मा गांधी

मातृभाषा, मातृसभ्यता और मातृभूमि—तीनों सुखकारिणी स्थिर रूप देवियाँ हमारे हृदयासन पर विराजती रहें।–*वेद*

मातृभूमि

हिंदुस्तान हमारी मातृभूमि और देवता है।

–लोकमान्य तिलक

मित्र / मित्रता

मित्रता में छल नहीं किया जाता। *—भास*

निष्ठावान् मित्र जीवन की औषधि है। *—अज्ञात*

तुम्हारा मित्र तुम्हारे अभावों की पूर्ति है। *—खलील जिब्रान*

मित्र के तीन लक्षण हैं—अहित से रोकना, हित में लगाना और विपत्ति में न छोड़ना। *—अश्वघोष*

मित्र-द्रोह से बढ़कर कोई पाप नहीं है। *—जातक*

मित्रता अवसरवादिता नहीं है। वह तो सदा ही एक मधुर उत्तरदायित्व है। *—खलील जिब्रान*

मित्रता दैवी देन है और मनुष्य के लिए अत्यंत बहुमूल्य वरदान। *—डिजरायली*

मिथ्या / झूठ

एक झूठ छिपाने के लिए दस झूठ बोलने पड़ते हैं।
—कहावत

मिथ्या पाप है; किंतु मिथ्या को सत्य में मिलाकर कहना महापाप है। *—शरच्चंद*

— मुक्ति —

परमेश्वर के ज्ञान के सिवाय मुक्ति पाने का कोई दूसरा मार्ग नहीं है। *—स्वामी दयानंद*

— मुसकान —

मुसकान प्रेम की भाषा है। *—होमर*

— मूर्ख —

मूर्ख ही कामदेव के द्वारा कष्ट पाता है। *—बाणभट्ट*

— मूर्ख मित्र —

मूर्ख मित्र से बुद्धिमान् शत्रु अच्छा होता है। *—लोकोक्ति*

— मृत्यु —

हमारी मृत्यु हमारे जीवन का इतिहास लिखती है।

—काजी नजरुल इस्लाम

वीर मनुष्य अधरों पर मुसकान लिये मृत्यु से भेंट करते हैं।

—महात्मा गांधी

मृत्यु अच्छी, परंतु अपयश होना अच्छा नहीं।

—सोमदेव भट्ट

मेहनत

मेहनत से धरती जो देती है, वह सोना बनता है।

–रांगेय राघव

मौन

मौन सत्य की जननी है। *–डिजरायली*

यश / कीर्ति

कीर्ति वीरोचित कार्यों की सुगंध है। *–सुकरात*

निर्मल यश ही नित्य धन है। *–नन्नया*

युवक

राष्ट्र के युवक भावी पीढ़ियों के न्यासी होते हैं।

–डिजरायली

योग

जीवात्मा का परमात्मा से संयोग ही योग कहा जाता है।

–पिंगलि सूरन्ना

योगी

योगी (कर्मयोगी) आसक्ति को त्यागकर अंत:करण की शुद्धि के लिए कर्म करते हैं। *–वेदव्यास*

योग्यता

यश की अपेक्षा योग्यता अधिक महत्त्वपूर्ण है। *—बेकन*

राग-द्वेष

राग तो सुख के संस्कार से उत्पन्न होता है और द्वेष दुःख के संस्कार से। *—पतंजलि*

राष्ट्र

हम राष्ट्र के लिए सदा जाग्रत् रहें। *—यजुर्वेद*

जिस देश में आपने जन्म लिया है, उसके प्रति कर्तव्य-पालन से बढ़कर मूल्यवान् कोई दूसरा काम है ही नहीं।

—वीर सावरकर

भारतीय मेरे बांधव हैं, घर है मेरा सारा देश।

—मैथिलीशरण गुप्त

लक्ष्य

लक्ष्य को ही अपना जीवन-कार्य समझो, उसी का चिंतन करो, उसी का स्वप्न देखो। *—स्वामी विवेकानंद*

लगन

जिसको लगन है, वह साधन भी जुटा लेता है।

—अज्ञात

लोक / समाज

लोक की हँसी सहनेवाले ही लोक का निर्माण करते हैं।

—लक्ष्मीनारायण मिश्र

वचन

दूसरे का अप्रिय वचन सुनकर भी उत्तम व्यक्ति सदा प्रिय वाणी ही बोलता है। *—अज्ञात*

प्रिय वचन बोलने से सब प्राणी संतुष्ट हो जाते हैं, अतः प्रिय ही बोलना चाहिए। *—अज्ञात*

हितकर और प्रिय वचन दुर्लभ हैं। *—भारवि*

वाग्मिता

थोड़ा और सारयुक्त बोलना ही वाग्मिता है। *—नैषध*

वाचालता

ज्यादा बोलने से दूरी बढ़ने लग जाती है। घनिष्ठता में शब्द कम होते जाते हैं। *—जैनेंद कुमार*

जो वाचाल नहीं है, वह मिथ्या नहीं बोलता। *—कल्हण*

वाणी

मधुर वाणी ही जप है, मधुर वाणी ही तप है। *—बसवेश्वर*

जनता की वाणी ईश्वर की वाणी है।

—विशप वाल्टर रेनोल्ड्स

कोमल और मधुर वाणी सभी को आनंदित करती है।

—अज्ञात

कोमलता से बोलो और मधुरता से मुसकराओ। *—एडीसन*

वायु

प्रचंड वायु में भी पहाड़ विचलित नहीं होते। *—कालिदास*

वासना

समस्त वासनाओं से मुक्त व्यक्ति सर्वत्र मुक्त रहता है।

—अष्टावक्रगीता

वासना का नाश और विवेक ही मोक्ष है। *—अज्ञात*

विचार

विचार ही हमारे मुख्य प्रेरणास्त्रोत होते हैं।

—स्वामी विवेकानंद

हमारा जीवन हमारे विचारों का प्रतिफल है। *—अज्ञात*

विचार स्वयं को अपने शब्दों से पोषण देता है और विकास करता है। *—रवींद्रनाथ ठाकुर*

सकारात्मक विचार मनुष्य की शक्ति बढ़ाते हैं। *—अज्ञात*

विचार का दीया बुझ जाने से आचार अंधा हो जाता है। *—विनोबा भावे*

विचारों का अजीर्ण भोजन के अजीर्ण से कहीं बुरा है। *—महात्मा गांधी*

—— विजय ——

सर्वोत्तम विजय प्रेम की है, जो सदा के लिए विजेताओं का हृदय बाँध लेती है। *—अशोक*

—— विद्या ——

विद्या के समान नेत्र नहीं हैं। *—वेदव्यास*

—— विद्वान् ——

विद्वान् व्यक्ति को चाहिए कि धनपति, राजा, बालक, वृद्ध, अधिक तपस्वी, विदुषी, स्त्री, मूर्ख और गुरु को उत्तर न दे। *—अज्ञात*

विवेक

विवेक बहादुरी का उत्तम अंश है। *—शेक्सपियर*

विश्वास

परस्पर विश्वास पारिवारिक जीवन का आधार होता है।

—अज्ञात

विषय-सुख

विषय-सुख की कामना मनुष्य को अंधा बना देती है।

—महाभारत

व्यक्तित्व

अल्पभाषी व्यक्ति सर्वोत्तम होते हैं। *—शेक्सपियर*

व्यवहार

व्यवहार में पक्षपात नहीं करना चाहिए। व्यवहार धर्म से भी महत्त्वपूर्ण है। *—चाणक्यसूत्राणि*

पारस्परिक व्यवहार प्रगति का सार है। *—बक्सटन*

व्यापारी

सुसंस्कारित व्यापारी राष्ट्र का सर्वश्रेष्ठ भद्र पुरुष होता है।

—डेनियल डीफो

शक्ति अनुरूप भक्ति

संसार में सबसे शक्तिशाली मनुष्य वही है, जो सबसे अधिक अकेला खड़ा रहता है। *–इब्सन*

शांति

शांति के अतिरिक्त दूसरा कोई आनंद नहीं है। *–टेनिसन*

शांति तो अपने ही भीतर ढूँढ़ने पर मिलती है। *–अज्ञात*

जो कुछ मिले उसी में संतोष तथा दूसरों से ईर्ष्या न करना ही शांति की कुंजी है। *–धम्मपद*

शांति के समान दूसरा तप नहीं है, न संतोष के समान सुख है। *–चाणक्य*

शिक्षा

शिक्षा स्वराज्य की कुंजी है। *–महात्मा गांधी*

कभी-कभी हमें उन लोगों से शिक्षा मिलती है, जिन्हें हम अभिमानवश अज्ञानी समझते हैं। *–प्रेमचंद*

शिक्षित के लिए सभी देश और सभी नगर अपने बन जाते हैं। *–तिरुवल्लुवर*

सीखे गए को भूल जाने पर जो कुछ बचा रहता है, वही शिक्षा है।

—स्किनर

शिशु

शिशु का भाग्य सदैव उसकी जननी द्वारा निर्मित होता है।

—नेपोलियन

शिशु ऊपर से देखने पर तो सभी पर आश्रित है, किंतु वस्तुतः वही संपूर्ण परिवार का सम्राट् होता है।

—स्वामी विवेकानंद

शिष्टाचार

शिष्टाचार का उल्लंघन नहीं करना चाहिए।

—भट्टनारायण

शील

शील सर्वोत्तम आभूषण है।

—भर्तृहरि

कुरूपता शील से युक्त होने पर शोभित होती है।

—चाणक्य नीति

धर्म, सत्य, सदाचार, बल और लक्ष्मी—सबकी जड़ में शील है।

—महाभारत

शील मानव जीवन का अमूल्य रत्न है। *—महाभारत*

शुभ

सदैव शुभ बोलो, शुभ का ध्यान करो और शुभ की इच्छा करो।

—अज्ञात

शैशवकाल

शैशवकाल मानव का वैसे ही आभास कराता है जैसे प्रातःकाल दिन का। *—मिल्टन*

शोभा

गुण से रूप की, सदाचार से कुल की, सफलता से विद्या की तथा भोग से धन की शोभा होती है। *—अज्ञात*

श्रद्धा

श्रद्धा और प्रेम के योग का नाम भक्ति है।*—रामचंद्र शुक्ल*

जिसमें शुद्ध श्रद्धा है, उसकी बुद्धि तेजस्वी रहती है।

—महात्मा गांधी

श्रम

उचित समय पर काम करनेवाले का ही श्रम सफल होता है।

—आचारांग चूर्णि

बिना श्रम के सुख नहीं मिलता। *—लोकोक्ति*

श्रम ईश्वर की उपासना है। *—कार्लाइल*

श्रेष्ठ पुरुष

दूसरों को जीतने की इच्छावाले श्रेष्ठ पुरुष पहले स्वयं को जीतते हैं। *—अभिनंद*

संकट

संकट ही चरित्र को निखारकर नैतिक बल प्रदान करते हैं।

—सैमुअल स्माइल्स

संकल्प

सबकुछ अपने संकल्प द्वारा ही छोटा या बड़ा बन जाता है।

—योगवासिष्ठ

संकल्प-शक्ति तो मानसिक शक्तियों की शिरोमणि है।

—शिवानंद

महान् संकल्प ही महान् फल का जनक होता है।

—हजारीप्रसाद द्विवेदी

संकल्प-शक्ति उन्नति का मार्ग प्रशस्त करती है। *—अज्ञात*

संकल्प ही मनुष्य का बल है। *—जैनेंद्र कुमार*

—— संत ——

संत मलिन चित्तवाले मनुष्यों को भी निर्मल कर देते हैं।

—अचिंत्यानंद वर्णी

—— संतान ——

अच्छी संतान इस लोक और परलोक दोनों में सुख देती है।

—कालिदास

संतान ही आकांक्षाओं का स्रोत, प्रेम का बंधन और जीवन का सर्वस्व है। *—प्रेमचंद*

—— संतोष ——

जिसे सब तरह से संतोष है, वही धनवान् है। *—शंकराचार्य*

—— संयम ——

संयम का अर्थ घुटना और सड़ना नहीं है, स्वस्थ बहाव है।

—रांगेय राघव

संवेदनशील

संवेदनशील बनो, परंतु निर्मल भी। प्रेमी बनो, परंतु पवित्र भी। *—बायरन*

संस्कार

जो संस्कार हृदय से बद्धमूल हो जाते हैं, वे जीवन-पर्यंत साथ नहीं छोड़ते।*—अयोध्यासिंह उपाध्याय 'हरिऔध'*

विचार जब आचार में दृढ़ता का रूप धारण कर लेते हैं, तभी उन्हें संस्कार कहा जाता है। *—रवींद्रनाथ ठाकुर*

सच्चरित्र

संसार में सच्चरित्र मनुष्य ही प्रगति कर सकता है।

—चेस्टर फील्ड

सच्चरित्रता ही वह सर्वोत्तम संपत्ति है जो कोई भी व्यक्ति आनेवाली संतानों के लाभ के लिए दे सकता है।

—स्वामी विवेकानंद

सच्चा आनंद

सच्चा आनंद केवल सेवाव्रत में है। *—शिवानी*

आनंद सर्वदा अंतरात्मा से प्रकट होता है, बाह्य पदार्थों से नहीं। *—शिवानंद*

सच्चाई

यदि हमारे मन में सच्चाई है तो उसका प्रभाव अपने आप लोगों पर पड़ेगा। *—महात्मा गांधी*

सच्चा प्रेम

सच्चा प्रेम दुर्लभ है, सच्ची मित्रता और भी दुर्लभ है। *—अज्ञात*

सत्कर्म

सत्कर्म करनेवाला शुभ फल पाता है।*—वाल्मीकि रामायण*

सत्कार्य

सत्कार्य के लिए मरनेवाला कीर्ति-काया में जीता है। *—शेक्सपियर*

सत्पुरुष / सज्जन / सज्जनता

ऐश्वर्य का भूषण सज्जनता है। *—भर्तृहरि*

सत्पुरुषों का चित्त पापकर्म में कभी भी प्रवृत्त नहीं होता। *—क्षेमेंद्र*

सज्जन अपने चारित्रय से ही विभूषित होते हैं।—*वाल्मीकि*

सत्पुरुष प्रत्युपकार की अपेक्षा नहीं करते। —*अज्ञात*

सज्जन पुरुषों के लिए दया करना ही महान् धर्म का लक्षण है। —*वेदव्यास*

सज्जनों का धन तो धैर्य ही है। —*बाणभट्ट*

अच्छे पुरुष दूसरों के संताप से संतप्त रहते हैं। यही उनके लिए परमात्मा की सर्वोच्च आराधना है। —*भागवत*

सज्जन लोग स्वभाव से ही स्वार्थसिद्धि में आलसी और परोपकार में दक्ष होते हैं। —*बाणभट्ट*

सज्जन अपना नाम नहीं लेते, श्रेष्ठ लोगों की यही आचार-परंपरा है। —*श्रीहर्ष*

यदि हम भले हैं तो सारा संसार हमारे लिए भला है।
—*स्वामी रामदास*

जानो सज्जन की यही एकमात्र पहचान।
इनके होते तीन हैं—मन, वच, कर्म समान॥ —*अज्ञात*

सज्जनों का लक्षण यह है कि वे सदैव दयावान् और करुणाशील होते हैं। —*महाभारत*

सत्य और न्याय का समर्थन मनुष्य की सज्जनता और सभ्यता का एक अंग है। *—प्रेमचंद*

सत्पुरुष सभी दिशाओं को अपनी सुगंध से वासित कर देते हैं। *—गौतम बुद्ध*

सत्य

धर्मज्ञ लोग सत्य को ही परम धर्म कहते हैं। *—वाल्मीकि*

जहाँ सत्य है वहीं धर्म है। जहाँ धर्म है वहीं धन है। *—अज्ञात*

सत्य के समान कोई तप नहीं है। *—वेदव्यास*

सत्य ही श्री है, सत्य ही ज्योति है। *—शतपथ ब्राह्मण*

सत्संगति

यात्रा में सत्संगति रास्ते को छोटा बना देती है। *—अज्ञात*

सदाचार

सदाचार के तीन आधार हैं—अदम्यता, सुकर्म और पवित्रता। *—विद्यानंद 'विदेह'*

सदाचार वह स्रोत है, जहाँ से सम्मान जनमता है।

—क्रिस्टोफर मार्लो

सद्गुण

सद्गुण कुलीनता की पहली पदवी है। *—मोलियर*

सफल

वही सफल होता है जिसका काम उसे निरंतर आनंद देता रहता है। *—थोरो*

सफलता

प्रत्येक असफलता सफलता की एक सीढ़ी है। *—मैजिनी*

सफलता का पहला सिद्धांत है काम—अनवरत काम।

—स्वामी रामतीर्थ

किसी भी व्यवसाय में विशेष सफलता पाने का ठीक मार्ग उस व्यवसाय का अपने को पूर्ण ज्ञाता बना लेना है।

—कारनेगी

सफलता अत्यधिक परिश्रम चाहती है।

—हेनरी सी. क्रैक

सफलता का मूल रहस्य इसमें है कि साधनों को भी उतना ही महत्त्व दिया जाए जितना साध्य को।*—स्वामी विवेकानंद*

जीवन में वही सबसे अधिक सफल व्यक्ति है, जो सबसे अधिक जानकार है। *—डिजरायली*

समत्व

समत्व को योग कहते हैं। *—वेदव्यास*

समय

समय और शब्दों को वापस नहीं लाया जा सकता।

—टॉमस फुलर

समय पर सवारी वही कर सकता है, जो समय की लगाम पकड़े रहे। *—अमृता प्रीतम*

समय महान् चिकित्सक है। *—कहावत*

समाज

समाज के उत्कर्ष का दायित्व प्रत्येक व्यक्ति पर है।

—माधव स. गोलवलकर

सहानुभूति

सहानुभूति मानवता का गौरव है। *—सैमुअल स्माइल्स*

सहानुभूति एक ऐसी विश्वव्यापक भाषा है, जिसको सब प्राणी समझते हैं। *—जेम्स एलेन*

सहायता

देवता उन्हीं की सहायता करते हैं, जो अपनी सहायता स्वयं करते हैं। *—ईसप*

देवता उन्हीं की सहायता करते हैं, जो अपनी सहायता स्वयं करते हैं। *—ईसप*

साधना

जब तक फल न मिले तब तक साधना जारी रखनी चाहिए। *—विनोबा*

साहस

परिस्थितियाँ ही मनुष्य में साहस का संचार करती हैं। *—हरिकृष्ण प्रेमी*

जिनके हृदय में उत्साह होता है, वे पुरुष कठिन-से-कठिन समय में भी हिम्मत नहीं हारते। *—वाल्मीकि*

जिस मनुष्य में जितना साहस होता है उसी के अनुसार उसके संकल्प भी होते हैं। *—अज्ञात*

संकट में साहस धारण करना आधी मंजिल तय कर लेना है। *—प्लाटस*

—— साहित्य ——

साहित्य हमारे जीवन को स्वाभाविक और स्वाधीन बनाता है। *—प्रेमचंद*

प्रत्येक देश का साहित्य उस देश के मनुष्यों के हृदय का आदर्श रूप है। *—बालकृष्ण भट्ट*

मनुष्य ने जगत् में जो कुछ सत्य और सुंदर पाया है और पा रहा है, उसी को साहित्य कहते हैं। *—प्रेमचंद*

सारे मानव-समाज को सुंदर बनाने की साधना का ही नाम साहित्य है। *—हजारीप्रसाद द्विवेदी*

—— सुकर्म ——

वासनाओं से अलग रहकर जो कर्म किया जाता है, वही सुकर्म है। *—वृंदावनलाल वर्मा*

सुभाषित

सुभाषित ज्ञान का सार होते हैं। *—सुत्तनिपात*

सेवा

सेवा सबसे कठिन व्रत है। *—जयशंकर प्रसाद*

सौभाग्य

सौभाग्य उन्हीं को प्राप्त होता है, जो अपने कर्तव्य-पथ पर अविचल रहते हैं। *—प्रेमचंद*

स्नेह

स्नेह में छल नहीं किया जाता है। *—भास*

स्वजन

स्वजनों का दिल दुखाना महापाप है। *—अज्ञात*

मनुष्यता ही ऊँची देशभक्ति है।

—विनायक दामोदर सावरकर

आत्मा के लिए अच्छा अंत:करण वैसा ही है जैसा शरीर के लिए स्वास्थ्य। *—एडीसन*

स्वधर्म

वही मनुष्य धन्य है, जो स्वधर्म में रत है।

—शंकर कुरुप

स्वस्थ मन

मन के स्वस्थ होने पर रमणीक वस्तुओं की रमणीयता होती है।

—हनुमान पंडित

स्वाधीनता

स्वयं अपने प्रति उत्तरदायी होने का संकल्प ही स्वतंत्रता है।

—नीत्शे

स्वाधीन होना ही जन्म की सफलता है। *—अज्ञात*

स्वाधीनता सद्‌गुणों को जगाती है, पराधीनता दुर्गुणों को।

—प्रेमचंद

स्वाध्याय

स्वाध्याय बुद्धि का यज्ञ है; इससे मानव सत् को प्राप्त होता है।

—जयशंकर प्रसाद

स्वाध्याय स्वयं एक तप है। *—तैत्तिरीय आरण्यक*

स्वाध्याय सब भावों का प्रकाश करनेवाला है।

—उत्तराध्ययन

आप दूसरों को तभी ऊपर उठा सकते हैं, जब आप स्वयं ऊपर उठ चुके हों। *—शिवानंद*

— स्वास्थ्य —

स्वास्थ्य और बुद्धि जीवन के दो वरदान हैं। *—मेनांडर*

— हास्य —

मधुर हास्य घर में सूर्य-प्रकाश के समान है। *—अज्ञात*

— हिंसा —

कलह, हिंसा, पापबुद्धि और देववृत्ति से दूर रहो।

—अथर्ववेद

— हीरा —

हीरे की परख पारखी को होती है। *—तुकाराम*

— होनहार —

होनहार प्रबल होती है। *—कालिदास*

□□□

* 9 7 8 8 1 7 7 2 1 0 8 5 9 *
FCW - #0221 - 061026 - C0 - 234/156/6 - PB - 9788177210859 - Gloss Lamination